BEI GRIN MACHT SICH IHR WISSEN BEZAHLT

- Wir veröffentlichen Ihre Hausarbeit, Bachelor- und Masterarbeit

- Ihr eigenes eBook und Buch - weltweit in allen wichtigen Shops

- Verdienen Sie an jedem Verkauf

Jetzt bei www.GRIN.com hochladen und kostenlos publizieren

Bibliografische Information der Deutschen Nationalbibliothek:

Die Deutsche Bibliothek verzeichnet diese Publikation in der Deutschen Nationalbibliografie; detaillierte bibliografische Daten sind im Internet über http://dnb.d-nb.de/ abrufbar.

Dieses Werk sowie alle darin enthaltenen einzelnen Beiträge und Abbildungen sind urheberrechtlich geschützt. Jede Verwertung, die nicht ausdrücklich vom Urheberrechtsschutz zugelassen ist, bedarf der vorherigen Zustimmung des Verlages. Das gilt insbesondere für Vervielfältigungen, Bearbeitungen, Übersetzungen, Mikroverfilmungen, Auswertungen durch Datenbanken und für die Einspeicherung und Verarbeitung in elektronische Systeme. Alle Rechte, auch die des auszugsweisen Nachdrucks, der fotomechanischen Wiedergabe (einschließlich Mikrokopie) sowie der Auswertung durch Datenbanken oder ähnliche Einrichtungen, vorbehalten.

Impressum:

Copyright © 2017 GRIN Verlag
Druck und Bindung: Books on Demand GmbH, Norderstedt Germany
ISBN: 9783668821361

Dieses Buch bei GRIN:

https://www.grin.com/document/445656

Michael Gehrmann

Informationsmanagement. Einführung einer Software zum Wissensmanagement

GRIN Verlag

GRIN - Your knowledge has value

Der GRIN Verlag publiziert seit 1998 wissenschaftliche Arbeiten von Studenten, Hochschullehrern und anderen Akademikern als eBook und gedrucktes Buch. Die Verlagswebsite www.grin.com ist die ideale Plattform zur Veröffentlichung von Hausarbeiten, Abschlussarbeiten, wissenschaftlichen Aufsätzen, Dissertationen und Fachbüchern.

Besuchen Sie uns im Internet:

http://www.grin.com/

http://www.facebook.com/grincom

http://www.twitter.com/grin_com

Michael Gehrmann

Modul IMG40 - Informationsmanagement

Softwareeinführung

Gliederung

1 Einleitung 3

    1.1 Problemstellung 3

    1.2 Zielsystem 3

2. Der Softwareeinführungsprozess 4

    2.1 Phasenkonzepte - ein Überblick 4

    2.2 Inhalte der Phasen 5

3 Wissensmanagement- Begriff und Zielsetzung 6

    3.1 Definition und Anwendungsfelder 6

    3.2 Erfahrungen aus der Einführung von Wissensmanagement-Systemen ... 7

4 Fallstudie - Einführung einer Software zum Wissensmanagement 8

    4.1 Die Tüftler GmbH - Überblick über die Zielsetzung 8

    4.2 Funktionsumfang und Qualitätsanforderungen 9

    4.3 Der Einführungsprozess: Kritische Erfolgsfaktoren 11

5. Fazit und Ausblick 13

1 Einleitung

Wissen ist ein Produktionsfaktor - in der Gesellschaft des 21. Jahrhunderts für viele Organisationen sogar der zentrale Faktor. Für diese Organisationen ist es daher von zentraler Bedeutung, die Entstehung und Verwertung des technischen und organisatorischen Wissens nicht dem Zufall zu überlassen, sondern durch systematische Planung, Steuerung und Kontrolle ein wettbewerbsfähiges Niveau sicherzustellen [1].

Um diese Zielsetzung zu erreichen, verwenden Unternehmen in zunehmendem Maße IT-Lösungen. Die fallenden Kosten für Hardware sowie die Verfügbarkeit z.T. kostenloser Softwarepakete machen einen solchen Schritt attraktiv.

1.1 Problemstellung

Viele Organisationen haben bisher Schritte unternommen, ein systematisches Wissensmanagement (Knowledge Management, KM) zu etablieren. Angesichts der beträchtlichen internen und externen Ressourcen, die ein solches Projekt erfordert, scheint eine Bestandsaufnahme der Erfolge und Misserfolge geboten. Insbesondere die Misserfolge können konstruktive Hinweise geben, wie sich in Zukunft Probleme vermeiden lassen, und welche kritischen Erfolgsfaktoren besonders berücksichtigt werden müssen.

Um die Thematik inhaltlich abgrenzen zu können, werden zuerst die Begriffe Wissensmanagement und Softwareeinführungsprozess definiert. Daran anschließend werden im Rahmen einer (fiktiven) Fallstudie die wichtigsten Problemstellungen und Lösungsmöglichkeiten bei der Einführung untersucht.

1.2 Zielsystem

Zielsetzung ist es, die wichtigsten Erfolgsfaktoren bei der Einführung einer Softwarelösung für das betriebliche Wissensmanagement zu identifizieren. Dabei wird ein konkretes Unternehmen betrachtet. Ebenso soll festgestellt werden, welche möglichen Hemmnisse im Einführungsprozess auftreten können, und wie damit umgegangen werden kann. Daraus abgeleitet sollen einige allgemeine Handlungsempfehlungen ausgesprochen werden.

---

[1] TU Chemnitz (2006), S.2

2. Der Softwareeinführungsprozess

2.1 Phasenkonzepte - ein Überblick

Die Einführung neuer Software in einer Organisation - dabei kann es sich sowohl um zugekaufte Standardsoftware wie auch eigens entwickelte Individualsoftware handeln- ist in den meisten Fällen ein komplexer Prozess, an dem mehrere Personen (Stakeholder genannt) beteiligt sind. Daher wird im Allgemeinen eine Projektorganisation aufgesetzt, die nach einem Phasenkonzept [2] vorgeht. Idealerweise sind die IT-Projekte eingebettet in eine Strategische IT-Planung, die auch Aussagen zur Architektur der betrieblichen IT enthält [3]. Damit soll verhindert werden, dass ein Vielzahl von Insellösungen entsteht, deren gemeinsame Nutzung, aber auch Wartung ressourcenintensiv ist.

Phasenmodelle sind zu verstehen als Vorgehensmodelle, d.h. sie enthalten Vorgaben zu Arbeitsschritten und Rollen. Dabei findet man in der betrieblichen Praxis häufig eine Kategorisierung von Projekten nach Größe und Komplexität; je nach Kategorie fallen dann die Vorgaben unterschiedlich detailliert aus.

Über Jahrzehnte hinweg dominierten die streng strukturierten Vorgehensmodelle, bei denen Inhalt, Rollenzuordnung und Dokumentation präzise geregelt sind. Zu nennen sind hier das archetypische *Wasserfallmodell*, das *V-Modell* und das *Spiralmodell*. Diese Modelle sollen im Folgenden nicht weiter vertieft werden, das gilt ebenso für die neueren Modelle der *agilen* Schule, die ein sehr flexibles Vorgehen ermöglichen [4].

Stattdessen wird ein eher generisches Modell gewählt, das mit seinen Phasen: Konzeption, Design, Realisierung und Einführung [5] ausreichend Struktur für die Problemstellung bereitstellt. Der Inhalt der Phasen wird im nächsten Kapitel beschrieben. Vor der Phase Konzeption findet noch die *Auftragsklärung* statt: diese Phase dient der inhaltlichen Klärung des Projektauftrags; sie besteht aus den Teilphasen Ist-Analyse und Entwicklung eines Soll-Konzeptes.

---

[2] Brandt-Pook/Kollmeier (2015), Pos. 274
[3] Hansen/Mendling/Neumann (2015), S. 322
[4] Brandt-Pook/Kollmeier (2015), Pos. 766
[5] Brandt-Pook/Kollmeier (2015), Pos. 673

2.2 Inhalte der Phasen

Eine erfolgreiche Softwareeinführung fußt auf einer wirkungsvollen Projektorganisation. Im Rahmen der Projektorganisation sind eine Reihe von zentralen Festlegungen zu treffen; dazu gehören die zu besetzenden Rollen, der Zeit- und Budgetrahmen sowie die Ablauforganisation. Wie schon erwähnt, empfiehlt es sich für die Ablauforganisation nach einem Phasenschema vorzugehen. Die Tiefengliederung der Phasen wird determiniert durch die *Projektkomplexität*. Wichtige Treiber der *Komplexität* sind der Projektumfang (z.B. gemessen in Lines of Code), die Anzahl der Schnittstellen und die Erfahrung der Organisation (die über Reifegradmodelle gemessen werden kann). Bei Software-Projekten ist ein weiterer Treiber die Entscheidung für Standardsoftware versus Individualsoftware.

Ein einfaches Vorgehensmodell beginnt mit der *Auftragsklärung*. Im Rahmen dieser Phase ist zu prüfen, inwieweit das Projekt die übergeordneten Unternehmensziele unterstützt (so soll ein neues CRM-System der Erhöhung der Kundenbindung dienen). Häufig wird man hier eine Kosten/Nutzen-Analyse durchführen, um die Rentabilität zu bestimmen. Die technische, aber auch die organisatorische Machbarkeit müssen ebenso geprüft werden. Bei diesen Analysen stehen meist die Geschäftsprozesse und deren zukünftige Gestaltung im Vordergrund, daher müssen die betroffenen Abteilungen im Sinnes eines Stakeholder-Managements frühzeitig eingebunden werden. Erst nach einer umfassenden Auftragsklärung ist es sinnvoll, die Phase *Konzeption* zu beginnen.

Generell empfiehlt es sich, mindestens an das Ende jeder Hauptphase einen Meilenstein zu setzen, und dessen Erreichen durch die Projektleitung dokumentieren zu lassen. Dabei wird überprüft, inwieweit die Ergebnisse der jeweiligen Phase erreicht wurden, und ob der Zeit-und Kostenplan eingehalten wird. Diese Vorgehensweise ist ein zentraler Bestandteil der Qualitätssicherung. Häufig wird an das Erreichen der Meilensteine auch vom Entscheidungsgremium („Steering Committee") auch die weitere Projektfreigabe geknüpft.

Die Phase Konzeption hat als zentrales Thema zu klären, welcher Leistungsumfang vom einzuführenden System erwartet wird. Eine konkrete Umsetzung steht noch nicht im Vordergrund, vielmehr muss geprüft werden, welche Lösungsalternativen zur Verfügung stehen. Das Ergebnis dieser Phase ist das Lastenheft, in dem der Auftraggeber die Projektziele fixiert. Ein wichtiger Hinweis: können die Anforderungen durch Standardsoftware abgedeckt werden, entfallen die folgenden Phasen Design und Realisierung. Stattdessen muss geprüft werden, welche Standardsoftware beschafft werden soll. Im Anschluss an die Auswahl stehen dann Anpassung und Datenübernahme an.

Die *Designphase* beschäftigt sich intensiv mit dem Wie? Es werden die Hard-und Softwarearchitektur festgelegt; im Regelfall werden dabei einzelne Komponenten und Module als Bausteine benutzt [6]. Die *Realisierungsphase* umfasst die Umsetzung des Designs in ablauffähige Programme, d.h. das eigentliche Programmieren findet hier statt. Viele Autoren nennen im Anschluss an die Programmierung die Testphase; ich folge hier Brandt-Pook und Kollmeier [7], die das Testen als integralen Bestandteil aller Phasen sehen. Dies bedeutet, dass auch beim Einsatz von Standardsoftware eine Testphase notwendig ist. Das Phasenmodell wird abgeschlossen durch die *Einführungsphase*. Nach der Abnahme erfolgt hier die Installation beim Auftraggeber. Ein wichtiger - gern vernachlässigter Punkt - ist die Schulung der Mitarbeiterinnen und Mitarbeiter. Es existieren verschiedene Einführungsstrategien; von einem Parallelbetrieb alter und neuer Systeme bis zum „Big Bang", der vollständigen Umschaltung auf das neue System. Je nach Art und Umfang der zu implementierenden Software kann es zu weitreichenden Änderungen in den betrieblichen Prozessen kommen.

3 Wissensmanagement- Begriff und Zielsetzung

3.1 Definition und Anwendungsfelder

Wissen kann definiert werden als die Anwendung von Informationen. Dabei kann man für die letzten Dekaden eine massive Zunahme der Bedeutung des Wissens als betrieblichen Produktionsfaktor feststellen. Die Gründe sind zu finden im Wettbewerbsdruck, der Wissen häufig zum wichtigsten Differenzierungsfaktor macht, in globalen Märkten, die umfassende Kenntnisse über Rechtssysteme und kulturelle Faktoren erfordert und schließlich im Wettbewerb um talentierte Arbeitskräfte.

---

[6] Brandt-Pook/Kollmeier (2015), Pos. 525
[7] Brandt-Pook/Kollmeier (2015), Pos. 621

Das Management von Wissen umfasst gemäß dem Referenzmodell der Fraunhofer IPK die Erzeugung, die Speicherung, die Verteilung und die Anwendung [8]. Diese Teilschritte können wirkungsvoll durch IT-Systeme unterstützt werden.

Dabei gibt es eine Vielzahl von Anwendungsfeldern. Diese reichen von einer Dokumentenverwaltung - hier steht die Archivierung im Vordergrund- über Datenbanksysteme (die auch als Data Warehouses ausgeführt werden können) bis hin zu Expertensystemen, die den Anwender bei der Entscheidung unterstützen können.

Als jüngere Anwendung sind sog. Wiki-Systeme zu nennen, die in Anlehnung an das große Wikipedia-Vorbild darauf zielen, innerbetriebliches Wissen durch die Erstellung lexikografischer Artikel zu kodifizieren und den Mitarbeitern zur Verfügung zu stellen.

Bei der Erfassung des Wissens ist zu unterscheiden zwischen *explizitem und implizitem Wissen* [9]. Das explizite Wissen liegt in kodifizierter Form vor, z.B. in technischen Regelwerken oder Konstruktionsplänen. Es zu erfassen und für ein schnelles Auffinden aufzubereiten, ist aufgrund unterschiedlicher Datenformate nicht trivial, kann aber von am Markt verfügbaren Lösungen wie Sharepoint © geleistet werden. Anders stellt sich die Situation beim impliziten Wissen dar, das quasi in den Köpfen der Mitarbeiter gespeichert ist. Erfahrungen aus Unternehmen zeigen, dass hier die technische Plattform nicht ausschlaggebend ist. Entscheidet ist vielmehr, im Unternehmen eine Kultur des Knowledge Sharing zu etablieren. Dafür sind eine Vielzahl von Maßnahmen notwendig, die ohne das Commitment der Unternehmensleitung nicht durchführbar sind.

3.2 Erfahrungen aus der Einführung von Wissensmanagement-Systemen

Unternehmen haben bei der Einführung Wissensmanagement(WM)-Systemen hohe Erwartungen an die Nutzung. Dies betrifft sowohl die Bereitstellung von Wissen wie auch die Abrufe. Häufig werden diese Erwartungen enttäuscht [10]. Eine Ursachenanalyse fördert zu Tage, dass hier unkritisch aus der Anwendung sozialer Netzwerke (Facebook etc.) ein Analogschluss auf Unternehmensnetzwerke erfolgte. Zu den dann ergriffenen Maßnahmen gehört oft die Installation von Incentive-Systemen, die aber nur be-

---
[8] Orth/Voigt/Kohl (2011), S. 11
[9] Frost Wissensmanagement, Abruf vom 26.9. 2017
[10] 5 Reasons Why Knowledge Management Fails in the Marketing Team, Abruf vom 25.9. 2017

grenzte Wirkung haben: meist führen sie zu einer quantitativen Erhöhung der Posts, nicht aber zum gewünschten Qualitätsschub. Unternehmen müssen daher bereit sein, die Rahmenbedingungen zu ändern, wenn sie WM erfolgreich etablieren wollen. Dabei sind 3 Entscheidungsbereiche zu adressieren:

- Technik/Systeme
- Organisation
- Kultur

Um nicht an der Komplexität einer unternehmensweiten Einführung zu scheitern, empfiehlt es sich, mit einem *Pilot-Projekt* zu starten. Dieses sollte einen Bereich adressieren, der im Unternehmen hohe Sichtbarkeit genießt, aber auch schnelle Erfolge verspricht („Leuchtturm-Projekt"). Dieses Projekt kann dann im nächsten Schritt auf größere Projekte skaliert werden. Ziel muss es sein, mehr und mehr Mitwirkende zu begeistern: beginnend mit den Innovatoren über die Mehrheit bis zu den Nachzüglern Diffusionsmodell) [11]. Diese Vorgehensweise wird nur von Erfolg gekrönt sein, wenn in jeder Phase Feedback eingeholt wird und dieses Feedback für organisatorisches Lernen genutzt wird. Eine Anpassung von Prozessen, aber auch der Aufbauorganisation wird in vielen Fällen ein (erwünschter) Nebeneffekt der Installation eines WM-Systems sein. Ein gelungenes System basiert auf einer Fülle von Detailentscheidungen, die hier nur kurz angerissen werden können. Dazu gehört die wichtige Entscheidung, welche Teile von einer zentralen Redaktion kuratiert werden sollen, und welcher Teil dezentral gehalten wird.

4 Fallstudie - Einführung einer Software zum Wissensmanagement

4.1 Die Tüftler GmbH - Überblick über die Zielsetzung

Die Tüftler GmbH ist ein mittelständisches Maschinenbauunternehmen, das auf Additiv Manufacturing spezialisiert ist (3-D Druck). Dabei werden nach Kundenvorgaben vorwiegend Ersatzteile produziert, zunehmend aber auch Werkstücke für Prototypen. Hauptkunde ist die Automobilindustrie. Das Unternehmen ist funktional gegliedert in Entwicklung, Vertrieb mit Innen-und Außendienst, Fertigung, Materialwirtschaft und

---

[11] Kirchgeorg Diffusionsmodell, Abruf vom 26.9. 2017

Verwaltung. Im Geschäftsjahr 2016 erzielten die 170 Mitarbeiter einen Umsatz von 75 Millionen € bei einem Jahresüberschuß von 6 Millionen €. Das Unternehmen ist in den letzten 3 Jahren mit durchschnittlich 15%/Jahr gewachsen. Die 3 Geschäftsführer halten alle Stammanteile der Gesellschaft.

Das gute Bild wird getrübt durch die zunehmende Anzahl Kundenbeschwerden über langsame Reaktionen auf technische Fragen sowie Vertriebsmitarbeiter, die bei technischen Gesprächen häufig Rückfragen müssen.

Eine vorab durchgeführte Schwachstellenanalyse hat ergeben, dass unter den Geschäftsprozessen der Customer-Relationship-Management Prozess die größten Probleme macht. In einem Workshop mit den Vertriebsingenieuren stellt sich heraus, dass in den Kundenberatungsgesprächen das benötigte Lösungs-Knowhow oft nicht verfügbar ist, obwohl es im Unternehmen vorliegt. Der Innendienst berichtet, dass die Antwortzeiten dramatisch gestiegen sind - obwohl der Personalbestand bereits erweitert wurde. Eine tiefergehende Analyse zeigt, dass ca. 80% der Anfragen FAQs sind (Frequently Asked Questions). Basierend auf diesen Erkenntnissen beschließt die Geschäftsleitung, ein konkretes WM-Projekt zu beauftragen.

Das Projekt wird organisatorisch als Einfluss-Projektorganisation gestaltet, der Projektleiter agiert also ohne disziplinarische Weisungsbefugnis. Das Projektteam besteht aus einer Projektassistenz sowie mehreren Mitarbeitern aus Innen-und Außendienst. Ein IT-Experte steht beratend zur Verfügung. Die Geschäftsleitung agiert als Entscheidungsgremium.

4.2 Funktionsumfang und Qualitätsanforderungen

Die Phase Auftragsklärung besteht aus den Sub-Phasen Ermittlung Ist-Zustand und Erstellung des Soll-Konzeptes. Der Ist-Zustand wurde bereits kurz skizziert. Das Projektteam erhärtet die Annahmen durch Auswertung von Verkaufsgesprächen, Analyse des Email-Verkehrs und Interviews mit dem Vertrieb. Basierend auf diesen Ergebnissen wird mit der erweiterten Geschäftsführung - dieser gehören auch die funktionalen Leiter an - ein Soll-Konzept skizziert. Das Soll-Konzept zielt in 2 Richtungen: dem Außendienst soll in Zukunft ein Instrument an die Hand gegeben werden, um im Beratungsgespräch die häufigsten Problemstellungen (80/20-Regel) direkt lösen zu können. Dafür soll das vorhandene konstruktive Knowhow in geeigneter Form gesammelt, aufbereitet und in leicht auffindbarer Form archiviert werden. Die Lösung für den Innendienst soll stark die aktive Kunden-Community einbeziehen. Das Motto lautet: Kunden helfen Kunden. Für die jeweilige Umsetzung sind geeignete technische und organisatorische Lösungen zu suchen. Der Projektleiter erhält für die Konzeption ein Budget von €50.0 und einen Zeitrahmen von 3 Monaten. Danach sollen dem Entscheidungsgremium die Lösungen vorgestellt werden, um dann das weitere Vorgehen zu beschließen.

Das Projektteam entscheidet sich in der nun anstehenden Konzeptionsphase frühzeitig für den Einsatz von Standardsoftware. Die Gründe liegen in der mangelnden eigenen IT-Kapazität sowie dem knappen Zeitrahmen. Es wird beschlossen, einen Vertreter der Einkaufsabteilung hinzuziehen, der eine Marktstudie erstellen soll. Das Team erarbeitet parallel dazu eine Nutzwertanalyse [12], um die Angebote systematisch bewerten zu können. Dazu gehören die Bewertungskriterien (z.B. Funktionsumfang, Referenzen des Anbieters, Preis und laufende Kosten, Anwenderfreundlichkeit, Erlernbarkeit, Erweiterbarkeit) und die Gewichtung der Kriterien. Die vom Einkauf eingeholten Angebote werden zuerst einer Grobfilterung unterzogen, um gänzlich ungeeignete Angebote auszuschließen. Die verbliebenen 3 Angebote werden dann mit der Nutzwertanalyse im Detail bewertet. Die Bewertung ergibt, dass das Angebot der Cleverle AG optimal auf die Bedürfnisse der Tüftler GmbH zugeschnitten ist. Dieser Anbieter hat bereits ähnliche Projekte erfolgreich durchgeführt. Die Cleverle AG offeriert ihre Leistungen als *Software as a Service (SaaS)*. Diese Cloudbasierte Lösung erfordert seitens des Kunden nur minimale Hard- und Software-Investitionen. Das Konzept sieht vor, die Außendienstmitarbeiter mit Tablet-Computern auszustatten, auf denen der vertriebliche Workflow abgebildet ist. Die technische Lösung wird modular erarbeitet und sofort kostenmäßig bewertet; damit können dem Kunden bereits vor Ort die wichtigsten Fragen beantwortet werden.

Für den Innendienst bietet Cleverle ein Wiki-System an, das es ermöglicht, ein FAQ-System aufzubauen. Die einzelnen Wikis können sowohl von den Kunden generiert werden, wie auch von den Unternehmens-Fachleuten stammen. Es liegen auch Erfah-

---

[12] Leimeister (2015), Pos. 5731

rungen zu einer Kommunikationskampagne vor, um möglichst viele gute Beiträge anzuziehen. Durch die Integration in die Unternehmenswebsite fallen auch hier nur in geringem Umfang zusätzliche IT-Kosten an.

Einen wichtigen Aspekt stellt das Thema Qualität dar. Für das Bewerten von Softwareprodukten gibt die DIN 66272 wichtige Hinweise. Demnach sind Funktionalität, Zuverlässigkeit, Benutzbarkeit, Effizienz, Änderbarkeit und Übertragbarkeit wichtige Kriterien.

Das Projektteam kann nun basierend auf dem Sollmodell und unter Beachtung der QS-Kriterien ein Lastenheft erstellen, das Basis des Dienstleistungsvertrages werden soll. Das Entscheidungsgremium billigt dieses Vorgehen, so dass zügig an die Vertragsverhandlung mit Cleverle gegangen werden kann. Ergebnis der Verhandlungen ist das Pflichtenheft, in dem der Provider die benötigten Funktionen sowie die zu leistenden Entgelte definiert. Dazu gehört auch das Serviceniveau.

Cleverle wird ebenso beauftragt, die Schulung der Mitarbeiter durchzuführen. Nicht vergessen werden darf in diesem Zusammenhang die Abnahme des Systems, deren Voraussetzung ein umfassender Testzyklus ist. Dabei werden sowohl einzelnen Komponenten getestet, wie auch das gesamte System (Integrationstest) [13].

4.3 Der Einführungsprozess: Kritische Erfolgsfaktoren

Schwieriger als die technischen Probleme sind in vielen Organisationen die menschlich/organisatorischen. Dabei spielt mangelndes Wissen ebenso eine Rolle wie Ängste um die eigene Position oder Überforderung. Eine erfolgreiche Einführung muss diesen - oft irrationalen - Faktoren Rechnung tragen. Die damit verbundenen Tätigkeiten werden unter dem Begriff *Change Management* subsumiert [14]. In diesem Zusammenhang wird häufig ein Prozess vorgeschlagen, der aus den Phasen *unfreezing, moving und freezing* besteht [15]. Anders gesagt sollen aus Betroffenen Beteiligte gemacht werden, denen nicht nur das nötige Knowhow vermittelt wird, sondern auch die Hintergründe für die Systemeinführung. Ängste müssen ernst genommen und adressiert werden. Gerade im Bereich des Wissensmanagement ist es wichtig, schnell eine kritische Größe von

---

[13] Hansen/Mendling/Neumann (2015), S. 345
[14] Hansen/Mendling/Neumann (2015), S. 348
[15] Leimeister (2015), Pos. 7073

engagierten Mitarbeitern zu gewinnen, ansonsten stellen sich die zentralen Netzwerkeffekte nicht ein.

Bei der Tüftler GmbH erfolgt die Schulung der Mitarbeiter für die beiden zentralen Komponenten - das Wiki-System für den Innendienst, und das technische Auskunftssystem für den Außendienst - in einer gemeinsamen Überblicksveranstaltung und anschließendem Vertiefungstraining getrennt nach den beiden Zielgruppen. Ergänzt werden die Trainings durch eine Online-Dokumentation.

Das Projektmanagement beinhaltet neben dem permanenten Controlling der Faktoren Zeit, Kosten und Qualität auch ein adäquates Risikomanagement. Viele Softwareprojekte scheitern gänzlich oder erfüllen nur einen Teil der Anforderungen; so nennt die Standish Group in ihrem „Chaos Report" Werte von 20% für das Scheitern und 46% für das teilweise Nicht-Erfüllen [16]. Andere Untersuchungen zeigen ähnliche Tendenzen. Bei der Problemanalyse zeigen sich eine Reihe von kritischen Erfolgsfaktoren, deren Nichtvorhandensein ein Projekt schnell in Richtung Zeit- und Kostenüberschreitung oder sogar Projektabbruch führen kann. Zu den wichtigsten Faktoren gehören:

- Ziele werden nicht klar formuliert
- Missverständnisse in der Kommunikation
- Häufig wechselnde Teammitglieder
- Es werden unerprobte Technologien eingesetzt
- Die Projektplanung und -steuerung ist der Projektgröße und -komplexität nicht angemessen

Ein kritisches Risiko-Assessment muss diese Faktoren adressieren und bei Gefährdung der Zielerreichung Projektleitung, ggf. auch das Entscheidungsgremium darüber informieren.

---

[16] Chaos Report (2006), Abruf vom 29.9. 2017

5. Fazit und Ausblick

Den Erfolg bei der Einführung einer neuen Software abzusichern bedarf Maßnahmen sowohl auf der organisatorischen Seite (z.B. Phasenmodelle), bei der Technik und Infrastruktur, aber in besonderem Masse im Umgang mit den Mitarbeitern. Dieser Text hat einige grundsätzliche Aspekte aufgezeigt, die den Einführungsprozess wirksam unterstützen können. Viele Aspekte konnten nicht angesprochen werden. Dazu gehört beispielsweise die methodische Unterstützung. Für alle Projektphasen existieren Methoden und Tools, die neben einer Effizienzsteigerung auch zu einer Reduzierung der Fehlerquote führen. Erwähnt werden soll hier die *Unified Modelling Language* (UML), die den Entwurfsprozess durch eine Fülle von graphischen Notationen (Aktivitätsdiagramm, Use Case Diagramm usw.) wirkungsvoll unterstützt. Für die Implementierung stehen umfangreiche Bibliotheken zur Verfügung; hier sei *Angular* erwähnt, dass die Erstellung von Webseiten in hohem Maße vereinfacht. Der Einsatz dieser Werkzeuge bekommt umso größere Bedeutung, als die zur Verfügung stehenden Entwicklungszeiten in vielen Anwendungsszenarien laufend verkürzt werden. Auch im Bereich Wissensmanagement konnten nur einige Facetten beleuchtet werden; es wird für die Zukunft von Organisationen eine weiterhin zunehmende Rolle spielen. Damit kommt der systematischen Vorgehensweise im WM eine hohe strategische Bedeutung zu. Hier sind entscheidende Durchbrüche zu erwarten durch den Einsatz von *Machine Learning*, d.h. der Algorithmen getriebenen Generation von Wissen. Damit kommt der Mensch-Maschine-Schnittstelle eine umfassende Bedeutung zu. Diese Entwicklung manifestiert sich in sprachgesteuerten Assistenten wie Siri oder Alexa, oder im Einsatz von Chatbots in kommerziellen Organisation.

Unternehmen, die über die Einführung von WM-Systemen nachdenken, sei dieses Zitat ans Herz gelegt: „ In an economy where the only certainty is uncertainty, the one sure source of lasting competitive advantage is knowledge" [17].

---

[17] Ikujiro Nonaka (1991), Abruf v. 29.9. 2017

Literaturverzeichnis

Brandt-Pook Hans/ Kollmeier Rainer (2015): Softwareentwicklung kompakt und verständlich, Heidelberg, Springer (ebook)

Hansen Hans Robert/ Mendling Jan/ Neumann Gustaf (2015): Wirtschaftsinformatik, Berlin Walter de Gruyter (ebook)

Kohl Ina/Orth Ronald/Voigt Stefan (2011): Praxisleitfaden Wissensmanagement, Stuttgart (ebook)

Leimeister, Jan Marco (2015): Einführung in die Wirtschaftsinformatik, Heidelberg, Springer Gabler (ebook)

Verbreitung von Wissensmanagement in KMU (2006), TU Chemnitz, https://www.tu-chemnitz.de/wirtschaft/bwl6/forschung/metora/docs/verbreitung_wm.pdf, Abruf vom 27.9. 2017

Springer Gabler Verlag (Herausgeber), Gabler Wirtschaftslexikon, Stichwort: Wissensmanagement, online im Internet: http://wirtschaftslexikon.gabler.de/Archiv/55427/wissensmanagement-v8.html, Abruf vom 26.9. 2017

5 Reasons Why Knowledge Management Fails in the Marketing Team, https://blog.brightpod.com/5-reasons-for-knowledge-management-fails-in-the-marketing-team-d5eaf1fcd8c6, Abruf vom 25.9. 2017

Springer Gabler Verlag (Herausgeber), Gabler Wirtschaftslexikon, Stichwort: Adoptorkategorien, online im Internet: http://wirtschaftslexikon.gabler.de/Archiv/3343/adoptorkategorien-v12.html, Abruf vom 26.9. 2017

Chaos-Report der Standish Group (2006), zitiert in: http://dieprojektmanager.com/scheitern-von-it-projekten/, Abruf vom 29.9. 2017

Ikujiro Nonaka (1991), "The Knowledge-Creating Company", *Harvard Business Review* 69 (6 Nov-Dec): 96–104

BEI GRIN MACHT SICH IHR WISSEN BEZAHLT

- Wir veröffentlichen Ihre Hausarbeit, Bachelor- und Masterarbeit

- Ihr eigenes eBook und Buch - weltweit in allen wichtigen Shops

- Verdienen Sie an jedem Verkauf

Jetzt bei www.GRIN.com hochladen und kostenlos publizieren